민들레가족상담센터는 탈북민들과의 상담을 통해
그들이 탈북하게 된 계기와 과정을 심리동화로 담았습니다.
두려움과 아픔 속에서도 희망을 놓지 않았던 그들의 이야기를 통해
우리는 서로의 마음을 이해하고, 따뜻한 공감을 나누고자 합니다.
이 책의 수익금은 탈북민들의 심리치유와 상담 지원에 사용됩니다.

최미염

중앙대학교에서 문예창작 박사 과정을 수료하였습니다.

심리상담에 대한 깊은 관심으로 중국 국가공인 심리상담상사 2급 자격을 취득하였으며

한국에서는 북한이탈주민을 대상으로 심리상담을 진행하고 있습니다.

현재 민들레가족상담센터에서 북한이탈주민 2세 청소년을 중심으로 상담활동을 이어가고 있습니다.

최지연

세종대학에서 서양화를 전공하고 아이들과 그림 그리기를 좋아해

동화일러스트레이터로 활동하다가 심리상담에 관심이 생겨 상담대학원

예술심리학과를 전공하고 10년 넘게 센터에서미술치료사로 일하고 있습니다.

성인 마음 그리기 그룹과 아이들 그리고 부모님의 마음을 돌보며 성장을 돕고 있습니다.

그림책을 사랑하여 여러사람의 다양한 그림과 스토리를 만들고자

독립출판사 "책속 상상 STORY BOOK"을 창립하였습니다.

『파랑새』, 『엄지공주』, 『때때로 나는』 등 대교, 웅진, 요나, 도서출판 다인아트 등 다수 그림을 출판했습니다.

초판1쇄 발행 2025년 11월 25일

글·그림 최미염·최지연
펴낸이 윤미경
디자인 김다혜
펴낸곳 도서출판 다인아트
출판등록 1996년 3월 8일 제87호
인천광역시 중구 제물량로32번안길 13
tel. 032+431+0268 fax. 032+431+0269 e-mail. dainartbook@naver.com

ISBN 978-89-6750-172-3(07810)
값 15,000원

단단한 결심

단단한 결심

글·그림 최미염·최지연

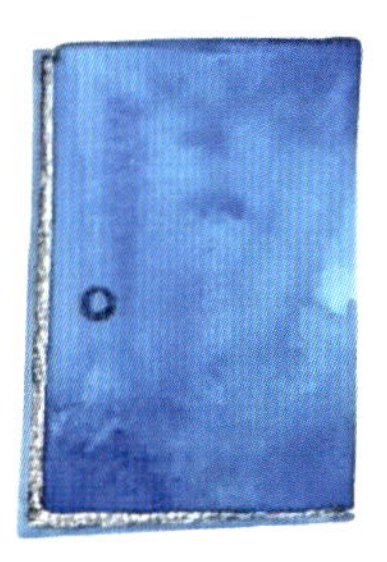

저는 작은 **강아지 마을**에 살고 있어요

이 마을에는 언제나 **무서운 경찰**들이
우리를 지켜보고 있었지요

늘 배고팠지만, 어쩔 수 없었어요

"꼬르륵, 꼬르륵…"

마음은 **텅** 비고, 배도 **텅** 비어 갔어요

그건 나라가 등에 얹어 준 **무거운 짐** 때문이었지요

그래도 하나의 **안식처**가 있었어요

바로 아들과 마주 앉아 **속삭**이며 **이야기 나누는 시간**이었어요

우리 등에 매달린 짐 속에는

늘 **두려움**, **배고픔**, **억압**이 차곡차곡 쌓여 있었어요

“철컥, 철컥.” 무거운 **사슬**처럼요

두려움
배고픔
무서움
억압

어느 날, **아들**이 조심스레 물었어요

“**엄마,** 우리는 왜 늘 **무거운 짐**을 지고 다녀야 해요?

그냥... **버리고 싶어요**”

"**안 돼,** 우리가 살아가려면 이 **짐**을 꼭 지고 있어야 한단다"

나는 단호히 말했지만, 마음 속 **깊은 곳**에서는

아들의 **무거운 짐**을 조금이라도 덜어주고 싶었지요

그때, 옆집 아줌마가 조용히 속삭였어요

“**쉿… 금지된 문**을 나가면,
그 **무거운 짐**을 벗어던질 수 있어”

금지된 문 너머엔

진정한 자유가 기다리고 있을까?

우리 아들도 그 문을 나갈 수 있을까?

나는 깊이, 아주 깊이 **고민**했어요

하지만 아들을 **위험**하게 할 순 없어 **결심**했어요

“**그래!** 내가 **먼저** 가 보자”

"쿵쿵쿵–"

경찰들의 발자국을 피해,

나는 살금살금 달려갔어요

그리고 덜컥, **금지된 문**을 열었지요

그 너머에는 정말로 **새로운 세상**이 펼쳐져 있었어요

고양이 나라였어요!

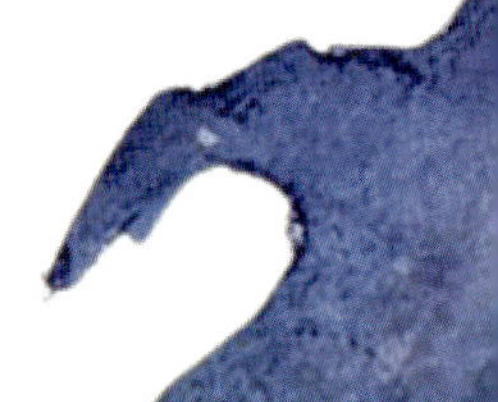

그곳에는 **무서운 감시**도, 등에 무거운 짐을 멘 고양이도 보이지 않았어요

거리마다 고양이들이 **"살랑~ 살랑~"** 꼬리를 흔들며,

"랄라라~" 노래를 부르며 **자유롭게** 웃고 있었어요

게다가 먹을 것도 **가득**했어요

"와아~" 하고 싶은 일도 마음껏 할 수 있었지요

이 곳이라면 아들과 **함께** 웃으며 **오래오래** 잘 지낼 수 있을 것 같았어요

하지만… 이곳에도 있었어요
숨어서 강아지들을 뒤쫓는 무서운 경찰들

쉿, 조심해!

잡히는 순간, 더 크고 무거운 짐을 지고
옛날 세상으로 돌아가야 했지요

이곳은 분명 좋았지요
배고픔도, 무거운 짐도 덜 수 있었으니까요

하지만 어린 아들이
숨 죽이며 도망치듯 살아야 한다는 생각에
나는 어느새 보이지 않는 **감옥** 속에 갇혀버린 듯했어요
가슴은 **철렁** 내려앉고, 마음은 **사슬**처럼 무겁게 눌렸지요

"어떻게 해야 할까… **아들**을 지키면서도,
아들의 짐을 덜어 줄 길은 없는 걸까?"

밤마다 끝없이 돌아가는 생각의 벽 안에서
나는 점점 더 깊이, 깊이 갇혀버렸답니다

여기도 우리의 **짐**을 덜어주지도

자유를 주지도 않아

그때 고양이들이 다가와 속삭였어요

자유의 문을 나가면 또 다른 세상이 있어

하지만 **조심해, 위험**하단다

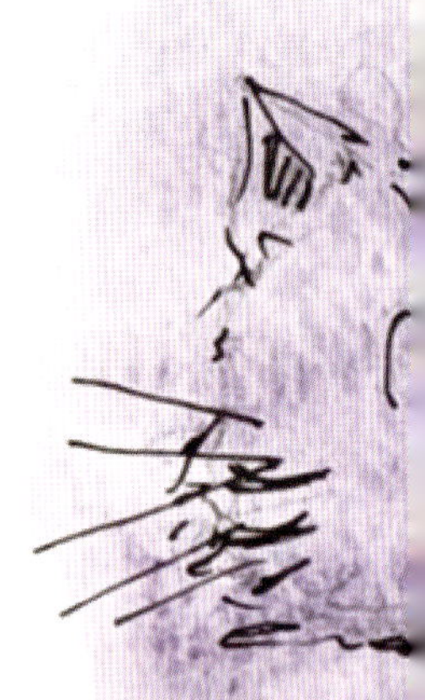

나는 가만히 눈을 감고 생각했어요

다시 돌아갈까?

하지만 또다시 무거운 짐 속에서 살아야 할 텐데…

이곳에서 숨어 지낼까?

하지만 아들과 계속 도망 다니며 살아야 할 텐데…

아니면 **새로운 세상**으로 나아가 볼까?

그런데 그곳은 **안전**할까?

내가 또 문을 **통과**할 수 있을까?

생각이 **꼬리**를 물고 이어지며

마음은 점점 더 깊이, **무겁게** 내려앉았어요

숨어 살까
새로운 세상으로 나아가 볼까

“그래, 멈출 순 없어!
다시 **도전**하는 거야!”

나는 숨을 깊이 들이쉬고,
떨리는 마음을 다잡았어요

아들을 위해, **우리** 둘을 위해
한 걸음씩 앞으로 나아가기로 했어요

어떤 세상이 기다리고 있을까요?
아직 알 수는 없지만…
나는 **용기** 내어 문을 열었어요

그 곳에서는 …

무거운 짐을 벗어 던지고

마음껏 웃고,

뛰어놀 수 있기를 바래요